우울증 테라피

Elf-help for Overcoming Depression
written by Linus Mundy
illustrated by R. W. Alley

Copyright © 1998 by Abbey Press St. Meinrad, Indiana
Korean translation copyright © 2010 by ST PAULS, Seoul, Korea

이 도서의 국립중앙도서관 출판예정도서목록(CIP)은 서지정보유통지원시스템 홈페이지(http://seoji.nl.go.kr)와 국가자료종합목록 구축시스템(http://kolis-net.nl.go.kr)에서 이용하실 수 있습니다. (CIP제어번호 : CIP2009004020)

이 책은 저작권법의 보호를 받으므로 무단전재와 무단복제를 금합니다.
이 책 내용의 전부 또는 일부를 재사용하려면 반드시 저작권자와 성바오로출판사의 동의를 얻어야 합니다.

우울증 테라피

리누스 먼디 글 R. W. 앨리 그림
정은귀 옮김

여는 글

　살다보면 가끔 운이 나쁜 날을 만나기도 합니다. 하지만 매일매일을 우울한 상태로 보내야 한다면 이건 정말이지 너무 끔찍한 일입니다. 옛말이 가르쳐 주듯이 자신을 행복하게 만들 수 있는 건 바로 자신밖에 없습니다. 하지만 이마저도 반은 맞고 반은 틀립니다. 우리가 우울하고 기운이 없을 때 잘 알지 못하는 사이에 우리를 도와주는 이들이 우리 곁에 많이 있기 때문입니다. 그뿐 아니라 우리의 신앙도 우울증에서 벗어나기 위해 하느님께 도움을 청할 수 있다고 일러 줍니다.

　그렇다고 해서 금방 기운이 나고 쉽게 즐거워지는 것은 아닙니다. 우리가 무기력하고 절망스러운 느낌에 빠질 때 무엇을 할 수 있는지에 대한 문제는 그에 대해 올바로 알고 이해함으로써 풀어 나갈 수 있습니다. 무엇이 정상적인 것이고 무엇이 비정상적인 것일까요? 어떻게 이 모든 일들이 시작되는 걸까요? 문제의 이면에 놓인

원인들은 과연 무엇일까요? 어떤 것이 효과적인 치료 방법일까요? 또 어떤 것이 도움 안 되는 치료법일까요?

   이 책 『우울증 테라피』에는 이 모든 어려운 질문들에 대해서 어렵게 구하고 얻은 지혜들이 잘 녹아 있답니다. 지금부터 우리가 만나게 될 38가지의 짧지만 통찰력 있는 견해들은 희망이 분명히 존재한다는 것, 그리고 그 희망은 여러 위대한 원천에서 길어 올리는 샘이란 것을 우리에게 분명히 보여 줍니다.

1.

지금 당신의 기분은 어떤가요? 우울한가요? 그건 인생에서 우리가 겪는 상처와 변화, 스트레스, 여러 실망스러운 일들에 대한 지극히 자연스러운 반응입니다. 우울함에서 벗어나 다시 기분이 좋아지는 무언가를 하는 것은 스스로를 분명히 아는 데서부터 시작합니다. 우울한 마음을 이해하고 자신이 지금 어느 위치에 있는지를 정확히 깨닫는 것 말이지요.

Feeling down is a natural reaction to life's hurts, stresses, changes, and disappointments. The road to talking action and feeling well again begins with self-awareness: understanding depression and realizing just where you are.

2.

우리는 어릴 때 신발 끈을 어떻게 묶는지, 자전거는 어떻게 타는지, 코는 어떻게 푸는지, 책은 어떻게 읽는지를 배웠습니다. 하지만 감정을 어떻게 조절하는지, 그 복잡한 과정에 대해서는 배우지 못했어요. 감정을 조절하는 법을 지금 배운다고 해서 너무 늦은 건 아닙니다. 지금 바로 시작하세요.

Most of us were taught, as children, how to tie our shoes and ride a bike and blow our nose or read a book. But we weren't thought the intricacies of managing our emotions. It's not too late to learn how to manage your emotions competently.

3.

우울증에서 벗어나는 데 최고의 무기는 올바로 아는 것입니다. 우울한 이유가 무엇인지, 어떻게 우울한지, 우울할 때 어떤 대처를 해야 하는지, 배울 수 있는 건 무엇이든 배우세요.

Information is your best weapon against depression. Learn all you can about its causes, types, treatments.

4.

스스로를 잘 알게 되는 순간은 바로 역경을 딛고 이겨 낸 뒤입니다. 우울증에 갇히지 말고 자신을 더 잘 이해하고 성장할 수 있는 좋은 기회로 받아들이세요.

We come to know ourselves well only after we've brushed up against a lot of adversity. Rather than being threatened by depression, see it as a springboard to personal growth and self-understanding.

5.

우울증은 몸과 마음, 영혼이 아픈 거라고 할 수 있습니다. 그래서 우울증을 잘 다루기 위해서는 자신의 몸과 마음, 영혼까지도 세심하게 들여다볼 필요가 있어요. 대체 어디가 아픈가요? 먼저 그곳을 어떻게 치유할 수 있을지 스스로에게 물어보세요.

Depression is an illness of the body, mind, and spirit. To treat it, you must pay attention to all of you. Where are you hurting? Ask yourself how you can bring healing to than part of your life.

6.

우울증은 대개 여러 가지 육체적인 문제와 관련된 경우가 많기 때문에 정말로 기운차게 명랑해지려면 의사 선생님의 도움이 필요한 경우도 있습니다. 우울증을 다스리고 이겨 내도록 도와줄 수 있는 전문가에게 한 번 의지해 보세요.

Because depression frequently has physical causes and effects, to really "cheer up" or "snap out of it" often requires medical assistance. Turn to the experts who can help you treat it and defeat it.

7.

전문가들은 우리가 머릿속에 미리 장치된 어떤 행동 유형에 따라서 행동하고 반응한다고 말합니다. 어렸을 때 만들어진 사고방식이나 행동 방식을 따르는 것이지요. 하지만 이런 모습들은 학습을 통해 만들어진 것이므로 지우고 다시 배울 수 있어요. 새롭고 긍정적인 메시지, 자신에게 힘을 주는 메시지를 배우는 것에서부터 출발하는 건 어떨까요.

Experts tell us that we act and react according to preset tapes in our head—using thinking and behaving patterns acquired in childhood. But since these patterns are learned, they can be unlearned. Start giving yourself new, positive, and affirming messages.

8.

우리의 인생은 완벽하지도 그렇다고 또 끔찍하지도 않습니다. 완전히 새카맣지도 하얗지도 않은 것이 인생이지요. 자신의 인생이 계속해서 변화하고, 가끔은 무지 혼란스럽기도 하다는 걸 생각해 보세요. 항상 공평한 것은 아니지만 그런 인생도 여전히 멋진 인생일 수 있음을 기대해 보는 것은 어떨까요.

Most of life is neither perfect nor terrible, totally black nor totally white. Expect constant change in your life, and occasional chaos. Expect that life, while not fair, can still be good.

9.

자신의 머리 위에만 비가 내린다는 생각이 들기도 하겠지요? 네, 비가 내리기도 하지만 비는 그냥 비일 뿐이에요. 더 큰 그림을 보세요. 필요하다면 일에 대처하는 자신의 태도를 고쳐 보는 건 어떨까요.

While you may think it's raining on you, it's quite possibly just raining. Look at the bigger picture, and be open to adjusting your attitude if need be.

10.

자신의 인생을 너무 많은 의무감이나 책무로 빼곡히 채우지는 마세요. 우리에게는 선택의 기회가 있습니다. 어디에 가치를 두고 무엇이 더 중요한지를 결정해서 하루하루 생활을 꾸려 나가세요.

Don't let your life be too full of musts, shoulds, and have-to's. You do have choices. Let your values and priorities shape your daily life.

11.

더 큰 성취나 성공, 완벽함, 자기 절제, 효율성을 향해 늘 달려가고 있다면, 그건 자신의 인간적인 능력이나 위대함을 너무 크게 보고 있기 때문입니다. '나는 누구인가?' 하는 존재 자체가 위대한 것이지, 자신이 무엇을 성취할 수 있는가 하는 이유 때문에 위대한 것은 아닙니다.

If you're always pushing toward greater success achievement, control, perfection, and efficiency, you're overrating greatness—as well as your own human capacities. You're great because of who you are, not because of what you can do.

12.

무기력한 느낌이나 꼼짝없이 갇힌 느낌이야말로 사람들이 우울증에 빠지는 큰 이유라고 할 수 있지요. 왜 이렇게 무기력할까, 라고만 생각하지 말고 여기서 벗어날 수 있는 낙관적인 해결책은 어떤 것이 있을까 생각할 시간을 충분히 가지는 것도 중요합니다.

Feeling helpless or trapped is one of the main reasons people get depressed. Be sure to spend as much time thinking about positive solutions as you do thinking about how helpless you feel.

13.

간혹 우리는 실제보다 더 끔찍한 경우를 상상하는 버릇이 있습니다. 내게 일어날 수 있는 최악의 상황이 무엇인지 생각하는 것은 나쁘지 않아요. 하지만 내게 일어날 수 있는 최상의 일은 무엇인지 함께 생각해서 균형을 잘 맞추는 것이 중요합니다.

Sometimes we get into the habit of "awful-izing." It's okay to ask yourself: "What's the worst thing that could happen?" But be sure to balance this with: "What's the best thing that could happen?"

14.

무기력한 절망감은 산사태 한가운데에 파묻힌 듯한 압도적인 느낌으로 다가올 수 있습니다. 한꺼번에 모든 흙더미, 돌덩이를 치울 수는 없겠지요. 한 번에 하나씩 돌덩이를 치울 필요가 있지 않을까요? 물론 다른 이의 도움도 받으면서 말이에요.

Feeling of hopelessness can come from feeling overwhelmed, as if you're buried under an avalanche. You can't push all the rubble away at once. You need to remove the rocks one at a time. (And maybe with the help of some one else.)

15.

너무 무거운 짐 때문에 인생의 수레바퀴가 고장이 나서 다른 대안이나 선택이 없다고 생각될지도 모릅니다. 하지만 실제로는 많은 대안이 있습니다. 인생의 수레에서 짐을 좀 덜어 내고, 바퀴에 바람을 넣고, 다른 사람의 도움도 구하세요. 가능하면 배달도 좀 늦춰 보고요. 그리고는 잠시 쉬면서 새로운 관점에서 사물을 바라보세요.

When a too-heavy burden flattens your wheels, you may think you have no options. But in reality there are many: remove some weight, put more air in your tires, get help, delay your delivery, get some rest and see things from a new perspective.

16.

"해야 하는 일"의 목록에 "즐겁게 놀기"를 꼭 집어넣으세요. 즐겁게 노는 건 대개 즉흥적으로 이루어지긴 하지만 계획을 세워서 해야 할 때도 있는 법이거든요.

Put "Have fun" on your "To do" list.
Sure, fun is mostly spontaneous, but some of it has to be planned.

17.

은총과 사랑이 충만한 행복한 사람으로 자신을 그려 보세요. 자신이 누구든, 얼마나 부자든, 어떤 일을 성취했든 못했든 상관없이, 내적인 평화 안에서 조용하고 부드러운 마음으로 일해 나갈 수 있습니다.

Picture yourself as a happy person, filled with grace and love. Regardless of who you are, or what you have or haven't done, you can work at being a calm and gentle spirit living in inner peace.

18.

나답게 살아가는 것, 그것이 좋습니다. 나답다는 것은 사실상 있는 그대로의 자신의 모습으로 잘 살아가는 유일한 방식이지요. 하느님이 우리를 만드셨다는 사실을 꼭 명심하세요. 그리고 스스로를 믿고 자신의 가치를 인식하는 것이 중요합니다. 자기 존재에 대한 확신 속에서 기쁨과 평화가 자라납니다.

It's okay to be you. As a matter of fact, being you is the only person you will be good at being. Cherish the "you" that God created. Believe in yourself; recognize your own worth. Joy and peace grow out of feeling competent and confident.

19.

자신의 내면 가장 깊은 곳에서 울리는 목소리에 귀 기울이세요. 그게 바로 우리의 마음이 말하는 것입니다. 가장 중요한 것은 사랑이고 사랑은 평화와 희망을 가져온다는 걸, 우리 마음은 잘 알고 있거든요.

Listen to the voice deepest within you. That's your heart speaking. Your heart knows it's love that matters most and love that brings peace and hope.

20.

아이들은 기쁨에 대한 단순한 비밀 한 가지를 잘 알고 있어요. 정말 중요한 것은 바로 자잘한 일들이란 사실이지요. 아이들이 노는 모습을 잘 관찰해 보세요. 그리고 아이들처럼 매일매일 즐겁게 놀 수 있는 작은 일들을 찾아보세요.

Children know a simple secret about joy: It's the little things that are the big things. Observe children at work and play—and, like them, look for everyday small ways to have fun.

21.

자신의 인생에서 기적이 필요하다고 느낀다면 아마 정말 그럴지도 모릅니다. 한 가지만 청해 보세요. 단, 작은 기적을 청해야 합니다. 때로는 하느님이 우리 바로 앞에 그 기적들을 준비하고 계신다는 걸 알아차리기만 하면 됩니다.

If you feel like you need a miracle in your life, you probably do. Ask for one. But remember that miracles can be small. Sometimes you just need to notice the ones God has put right in front of you.

22.

자연은 우리의 기운을 돋우어 줄 많은 보물들을 가지고 있습니다. 자주 자연이 품고 있는 보물을 찾아내서 만지고, 맛보고, 향기를 음미해 보세요.

Nature carries a basketful of pick-me-ups.
Smell, taste, touch its contents regularly.

23.

우울하고 흐릿한 기분에서 자신을 끌어올리는 데 창의력 또한 큰 몫을 할 수 있다는 것을 기억하세요. 노래를 부르고 과자를 굽고 그림을 그려 보세요. 시도 쓰고 새집도 만들고요.

Don't underestimate the power of creativity to lift you out of the fog. Sing a song, bake a cobbler, paint a picture, compose a poem, build a birdhouse.

24.

운동이나 일상적인 움직임으로도 사물에 대한 새로운 관점을 심어 줄 수 있습니다. 적어도 몸으로나마 억눌린 걱정에서 벗어나는 탈출구를 찾을 수 있지요. 운동을 하면 잠도 푹 잘 수 있고, 더 편히 쉴 수 있습니다.

Exercise—movement in general—can give you a new perspective on things. At the very least, you will have a physical outlet for bottled-up anxieties...and you will generally sleep and rest better.

25.

왠지 좋아 보인다거나 좋은 생각이라고 여겨진다거나 좋게 느껴지고 좋은 맛이나 향기가 난다면 그것들을 말로 표현해 봅니다. 그건 정말이지 좋은 습관입니다. 자신이 받는 축복들을 하나하나 헤아려 보는 것도 좋은 치유가 될 수 있어요.

When something looks good, sounds good, feels good, tastes good, smells good…say so. It's a happy habit to have. Counting your blessings is good therapy.

26.

멀리 미래를 내다봅니다. 휴일 동안에는 특히 더. 대부분의 사람들이 좋았던 과거를 회상하기에 바쁜 그때, 우리는 미래를 생각하는 거지요. 하지만 더 좋은 것은 지금 나 자신이 어떤 사람이며, 어느 위치에 와 있고, 바로 지금 무엇을 하고 있는지, 여기에서 만족을 찾는 것입니다.

Look toward the future—especially during the holidays, when people are often busy trying to recapture that perfect past of the good old days. Better yet, take satisfaction in who you are, where you are, what you are doing right now!

27.

시선의 중심을 잠시 자신에게서 떼어 내고, 다른 사람이나 일에 초점을 맞추어 보세요. 취미라든가 공예, 꽃밭이나 애완동물, 이웃이나 친척들, 도움이 필요한 사람이나 해야 할 일들 같은 거 말이지요.

Get the spotlight off yourself—by shining it onto someone or something else: a hobby or craft, a garden or pet, a neighbor or relative, a needy person or project.

28.

혼자 힘으로는 우울증에서 벗어나기가 힘겨울 때가 있습니다. 우울한 우리에게 기꺼이 손을 내밀어 기운을 북돋아 주고 우리를 더 나은 곳으로 이끌어 줄 사람들이 있습니다. 이들에게 기회를 주세요.

Sometimes you can't climb up from depression all by yourself. There are people who are glad to throw you a rope, give you a needed boost, pick you up and carry you to a better place. Let them.

29.

우울증은 충분히 다스릴 수 있는 질병입니다. 우리가 우울증을 벗어날 수 있는 지혜를 어떻게 얻을 수 있는지, 어떻게 대처할지, 또 어떤 약이 필요한지 의사 선생님들이 도와줄 겁니다. 우울증이 너무 심하거나 오래 지속된다면 전문가에게 도움을 청하고 그들과 함께 계획을 세워서 좋아질 수 있는 방법을 찾아보세요.

Depression is highly treatable. Physicians and therapists can help you to get the insights, coping skills, or medication you need to overcome it. If your depression is severe or persistent, turn to an expert and together work out a plan to get well again.

30.

자존심을 너무 앞세우다 보면 이웃이나 교회, 친구들, 의사나 하느님께 도움을 청하는 걸 마다하게 되는 경우가 있는데, 이건 좋지 않아요. 외로움이야말로 우울증에서 큰 자리를 차지하는 감정입니다. 다른 사람들이 주는 도움과 격려를 받아들이세요.

Don't let pride keep you from reaching out to your neighbor, your church, your spouse, your teacher, your friend, your doctor, your God. A big part of depression is feeling so alone. Accept the help and encouragement others can give you.

31.

도움이 필요하다는 걸 청할 수 없을 때에도, 사람들의 표정에 드러나는 친절한 표현들을 잘 찾아보세요. 몹시 힘이 들 때, 등을 토닥여 주는 것, 뭔가 이해한다는 듯한 미소나 시선 같은 것 말이지요. 이처럼 부드러운 몸짓들을 알아차리는 것도 중요합니다. 우리에게 버팀목이 되고 싶은 사람들이 우리를 기다리고 있기 때문이지요.

If at times you can't seem to ask for help, look for expressions of kindness anyway: a pat on the back, a knowing smile or grin or glance during a tough time. Notice these gentle gestures. They are intended for you and can shore you up.

32.

혹시 지금 자신이 겪고 있는 걸 어느 누구도 이해할 수 없다고 느끼고 있을지도 모르겠네요. 그럴지도 모릅니다. 하지만 설령 그렇다 해도 다른 사람들이 도와줄 수 있는 부분은 여전히 있기 마련입니다. 그러니 필요한 것을 청하세요. 도움을 청하면 그것이 정말로 얼마나 자주 주어지는지, 아마 놀라게 될 겁니다.

You may feel that no one could possibly understand what you are going through right now. You're probably right. But others can still help. Ask for what you need. You'll be surprised how often you get it.

33.

우정은 기쁨을 두 배로 만들고 슬픔을 반으로 나누어 줍니다. 누군가를 혹은 어떤 위대한 분을 찾아 내면의 깊숙한 느낌과 걱정들을 함께 나누어 가지세요.

Friendship doubles our joy and divides our grief. Find someone—or Someone—to share your deepest feelings and worries with.

34.

상처 받은 이들의 지혜에도 가만히 귀를 기울여 보세요. 그 사람들의 아픔이 지금 당신이 겪고 있는 아픔만큼 크지는 않다고 하더라도, 이들이 보여 주는 시각이 지금 당신의 절망감이나 무기력감을 덜어 줄 수는 있을 겁니다.

Listen to the wisdom of the wounded. Their pain may no longer be as intense as yours, but the perspective they bring can lessen your feelings of hopelessness and despair.

35.

기분이 금방 좋아지지 않는다고 하더라도 실망하지는 마세요. 아직 실감하지는 못하겠지만 분명 조금씩 나아지고 있을 거니까요. 부정적인 생각들은 떨치고 조금씩 좋아지는 쪽으로 한 단계 한 단계 천천히 나아가는 것, 그것이 중요합니다.

Don't get discouraged if you don't feel better immediately. You may be improving even though you don't yet feel it. The main thing is to continue to take steps toward healing and to reject negative thinking.

36.

하느님을 자신의 인생에 초대합니다. 하느님과 함께라면 견딜 수 없는 일들도 참아 낼 수 있어요. 자신의 인생에서 제일 좋다고 생각되는 것들조차도 더 좋아지는 신비가 일어납니다.

Let God into your life. With God along, you can bear the unbearable. And even life's best things get better.

37.

'내가 혹시 믿음이 더 강했더라면 우울증에 빠지지 않았을 텐데…' 하는 자기 패배적인 사고방식에 사로잡히지 말았으면 해요. 하느님과 종교는 그런 식으로 우리 삶에서 일하지 않습니다. 하느님은 당신을 사랑하시지만 우리는 불완전한 세상에 살고 있는 한 사람이라는 것, 이 점을 꼭 기억하세요.

Don't buy into the self-defeating myth that if only your faith were stronger you would be exempt from depression. God and religion don't work that way. Remind yourself that God loves you but you are human and you live in a imperfect world.

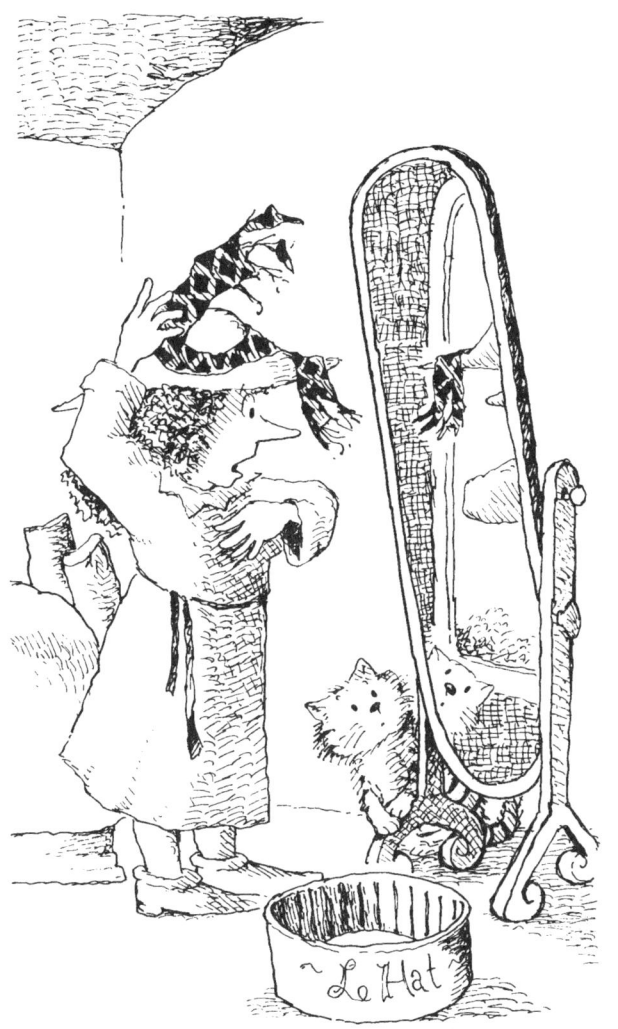

38.

하느님은 우리 인생에 충만함과 평화를 주실 것을 약속하셨습니다. "우울증, 잘 다스려서 반드시 이겨 내고 말거야."라고 굳은 의지를 보일 때 우울증에서 벗어날 수 있도록 하느님은 우리를 도와주십니다. 이런 하느님을 우리 또한 도와드릴 수 있겠지요.

God has promised us peace and fullness of life. We can help God help us to climb up from depression by accepting as our motto: "<u>Treat it and defeat it!</u>"

리누스 먼디는 『Slow-down Therapy』, 『Grief Therapy for Men』 등 "Elf-help Books" 시리즈물의 많은 책들을 썼습니다. "보살피는 곳"으로 알려진 애비 출판사의 출판 관련 프로그램의 기획자이고, 결혼해서 세 명의 자녀를 둔 아버지이기도 합니다. 『Prayer-Walking』이란 책도 썼습니다.

애비 출판사 "Elf-Help books" 시리즈의 삽화를 그린 **R. W. 앨리**는 부인, 아들, 딸과 함께 로드아일랜드 주 배링턴에 살며 어린이 책도 쓰고 그림도 그립니다. 사이트 **www.rwalley.com**에 가면 앨리의 다양한 책들을 볼 수 있습니다.

닫는 글

애비 출판사의
꼬마 요정 이야기

애비 출판사에서 시리즈물로 나온 "Elf-Help" 책들과 그 책 안에 그려진 멋진 꼬마 요정들은 1987년 『Be good to yourself Therapy』라는 작은 책에서 처음 태어났습니다. 편집 위원들의 상상력에 R. W. 앨리의 독창적인 그림으로 태어난 요정들을, 작가 체리 하트만이 자기 성장을 위해서 독자들에게 전하는 따뜻한 조언들과 함께 적절하고 재미있고 현실감 있게 완성했습니다.

독자들의 반응이 너무나 커서 곧이어 다른 "Elf-Help" 책들이 나왔습니다. 이 시리즈물이 계속 잇달아 나오면서 이와 관련된 다양한 상품들도 만들어졌지요.

처음에 나왔던 책들에서는 무척이나 귀여운 꼬마 요정이 모자를 쓰고 나왔는데, 시시각각 변하는 초를 모자 꼭대기에 달고 있는 모습이 참 인상적입니다. 나중에는 머리에 꽃을 꽂은 예쁜

여자 요정도 태어났습니다. 이 발랄하고 사려 깊고 친절하고 또 사랑스러운 두 요정은 다른 꼬마 요정들과 함께 하느님의 사랑의 신비, 인생에서 만나는 기적, 온전함과 평온함, 기쁨과 경이로움, 즐겁게 놀면서 함께 만들어 가는 것들에 대해 이야기하며 우리에게 진정으로 중요한 게 무엇인지를 알려 줍니다.

지혜롭기도 하고 가끔은 색다른 놀라움도 주는 이 작은 요정들, 긴 코를 자랑하는 요정들과 함께 진정으로 풍성하고 충만한 삶을 살아가는 법을 배워 보세요.

'테라피 시리즈'

『스트레스 테라피』(2009)

『믿음 테라피』(2009)

『기도 테라피』(2009)

『걱정 테라피』(2009)

『우울증 테라피』(2010)

『자기 사랑 테라피』(2010)

『영적 공허 테라피』(2010)

『외로움 테라피』(2010)

『대인 관계 테라피』(2011)

『용서 테라피』(2011)

『단순한 삶 테라피』(2012)

『평화 테라피』(2012)

『감사 테라피』(2013)

『받아들임 테라피』(2013)

『갈등 해소 테라피』(2013)

『고통 테라피』(2013)

우울증 테라피

글쓴이 : 리누스 먼디
그린이 : R. W. 앨리
옮긴이 : 정은귀
펴낸이 : 서영주
펴낸곳 : 성바오로
주소 : 서울특별시 강북구 오현로7길 20(미아동)
등록 : 7-93호 1992. 10. 6
교회인가 : 2009. 5. 7
초판 발행일 : 2010. 1. 5
1판 4쇄 : 2024. 11. 7
SSP 884

취급처 : 성바오로보급소
전화 : 944--8300, 986--1361
팩스 : 986--1365
통신판매 : 945--2972
E-mail : bookclub@paolo.net
인터넷 서점 : www.paolo.kr

값 5,500원
ISBN 978-89-8015-724-2